CATALOGUE
D'ESTAMPES ANCIENNES

PRINCIPALEMENT

DE L'ÉCOLE FRANÇAISE DU XVIIIe SIÈCLE

PIÈCES HISTORIQUES

ET

PORTRAITS RELATIFS A LA RÉVOLUTION

EAUX-FORTES MODERNES

LIVRES

SUPPLÉMENT

TRÈS GRAND NOMBRE DE VUES, PLANS, BROCHURES

RELATIFS A SAINT-GERMAIN EN LAYE ET LES ENVIRONS

Livres sur l'Architecture, Romans, etc.

Dont la vente aux enchères publiques aura lieu

HOTEL DES COMMISSAIRES-PRISEURS, RUE DROUOT, N° 9

SALLE N° 5

Le Vendredi 10 Avril 1885

A UNE HEURE, ET LE SOIR A HUIT HEURES

Par le ministère de Me **MAURICE DELESTRE**, Commissaire-Priseur,
27, rue Drouot, 27.

Assisté de M. **CLEMENT**, Marchand d'Estampes de la Bibliothèque Nationale,
rue des Saints-Pères, 3.

PARIS — 1885

CONDITIONS DE LA VENTE

La vente sera faite au comptant.

Les acquéreurs payeront *cinq pour cent* en sus des enchères applicables aux frais.

L'Expert, chargé de la vente, se réserve la faculté de réunir ou de diviser les lots.

L'ordre de ce Catalogue sera suivi.

1re vacation à 1 heure........................	n^{os}	1 à 194
2e — à 8 heures du soir.............	n^o	195
— — — — Livres........	n^{os}	196 à 229
— — Supplément. Gravures et Livres relatifs à Saint-Germain en Laye.		

DÉSIGNATION

ESTAMPES

1 — **Audouin** (P.). — Jupiter et Antiope, d'après Le Corrège. Belle épreuve.

2 — **Balko** (d'après). — L'Agréable lecture, — Le Précepteur inutile. Deux pièces faisant pendants, gravées par Gaillard. Belles épreuves, marges.

3 — **Bartolozzi** (F.). — Lady and Child. Belle épreuve.

4 — **Bartolozzi** et **Freeman**. — The Darling Awake, — The Darling Asleep, — Love and fortune. Trois pièces en couleurs. Belles épreuves.

5 — **Bartolozzi** (F.), **Earlom** et **Bettelini**. — Maternal care, — Henry-Charles-Nicolas Vander Noot, — Apollo, — Aminta. Quatre pièces. Belles épreuves.

6 — **Baudouin** (d'après). — Le Léger vêtement, par Chevillet. Belle épreuve.

7 — **Beauvarlet** (J.-F.). — La Fruitière, — Le Jardinier. Deux pièces d'après Vanasse. Belles épreuves.

8 — **Berghem** (d'après). — Le Midi, par Dequevauviller. Très rare épreuve à l'état d'eau-forte, plus une épreuve avec la lettre. Deux pièces.

9 — **Blanchard, Forster** et **Leroux**. — Sainte Juste, d'après Murillo, — Uranie, d'après Raphaël, etc. Trois pièces dont une avant la lettre.

10 — **Boilly** (d'après). — La Comparaison des petits pieds, — La Douce impression de l'harmonie, — Suite de la Douce impression de l'harmonie. Trois pièces gravées par Wolff et Chaponnier.

11 — Le Réveil prémédité, — La Douce résistance, — L'Évanouissement, — Ça ira. Trois pièces gravées par Wolff, Tresca et Mathias. Belles épreuves.

12 — **Bolswert** (S.-A.). — Paysages d'après Rubens. Deux pièces.

13 — **Boucher** (d'après). — Les Amours pastorales, — Les Confidences pastorales, — Le Peintre dans son atelier, — L'Amour européen. Quatre pièces gravées par Cl. Duflos, Hertel, etc. Belles épreuves.

14 — Andromède, — Vénus et l'Amour. Deux pièces gravées par Aveline. Belles épreuves.

15 — Le Berger récompensé, — Les Amants surpris, — La Fécondité, — Les Bacchantes endormies. Quatre pièces gravées par Gaillard.

16 — Le Fleuve Scamandre, par de Larmessin. Belle épreuve avant l'adresse de Buldet.

17 — Les Fruits du ménage, — Les Nymphes au bain, — Femme couchée sur des draperies. Trois pièces gravées par Vasseur, Ouvrier et Nochez.

18 — Les Grâces, — Études et croquis. Cinq pièces. Belles épreuves.

19 — La Marchande d'oiseaux, — La Marchande d'œufs, — La Vendangeuse. Trois pièces gravées par Haid.

20 — Naissance et triomphe de Vénus, — la Musique pastorale. Deux pièces gravées par Daullé. Belles épreuves.

21. — **Boucher** (d'après). — Les Présents du berger, par L. Lempereur. Belle épreuve.

22. — Psyché refusant les honneurs divins, par Parizeau. Belle épreuve.

23. — Retour de chasse de Diane, par Cl. Duflos, — La Belle cuisinière, par Aveline. Deux pièces. Belles épreuves.

24. — Vénus tranquille, — Pan et Syrinx. Deux pièces gravées par Duflos et Martenasie. Belles épreuves.

25. — **Bunbury** (d'après). — Morning employment, gravé en couleur par Jonkins. Belle épreuve.

26. — Recruits, — Evening or the Man of feeling, — A Girl of Modena. Trois pièces en couleur gravées par Dickinson, Smith et Tomkins.

27. — **Canot** (d'après). — Le Maître de danse, par Le Bas. Belle épreuve.

28. — **Caricatures.** — Caricatures sur Napoléon Ier et pièces sur les mœurs. Dix-huit pièces.

29. — **Carmontelle** (d'après). — La Malheureuse famille Calas, par Delafosse. Belle épreuve.

30. — **Challes** (d'après S.). — Chaire de la paroisse de Saint-Roch, par Fessard. Très belle épreuve.

31. — **Challe** (d'après M. A.). — Jupiter et Léda, — Zéphire et Flore. Deux pièces faisant pendants, gravées par J.-B. Tillard. Belles épreuves.

32. — Le Retour de vendange, — Le Panier renversé. Deux pièces gravées par Ruotte. Belles épreuves.

33. — Le Premier baiser de l'amour, — L'Élysée. Deux pièces gravées par Aug. Le Grand. Belles épreuves.

34. — La Saison des amours, par Aug. Le Grand. Très belle épreuve avant toutes lettres.

35 — **Chardin** (d'après). — Le Souffleur, par Lépicié, — La Mère trop rigide, réduction in-4. Deux pièces.

36 — **Chardin et Charpentier** (d'après). — L'Emplette inutile, par De Launay, — La Mère laborieuse, par Lépicié. Deux pièces. Belles épreuves.

37 — **Chereau** (A Paris, chez la veuve de). — Le Financier, — Le Petit maître. Deux pièces faisant pendants. Très belles épreuves.

38 — **Chevillet**. — La Santé portée, — La Santé rendue. Deux pièces d'après Terburg. Très belles épreuves.

39 — **Cochin** (d'après C.-N.). — L'Enfance, — L'Adolescence, — L'Age viril, — La Vieillesse. Suite de quatre pièces gravées par Cochin, Schmidt, Dubos et Bauvais. Belles épreuves.

40 — **Cort** (C.). — L'Annonciation. Composition animée d'un grand nombre de figures, d'après F. Zuccharo. Grand in-fol. en largeur, en deux planches. Superbe épreuve.

41 — Le Repos en Égypte, d'après F. Barozio. Belle épreuve.

42 — **Cotelle et Nattier** (d'après). — Compositions tirées de l'*Énéide*. Suite de huit pièces gravées par Tardieu, Mosse, Dupuis, Dossier, etc. Belles épreuves.

43 — **Coypel** (Antoine). — Judith, gravé à l'eau-forte par Coypel et terminé au burin par Simonneau (R. D. 2). Rare épreuve du 1er état avant la lettre, plus une épreuve avec la lettre. Deux pièces.

44 — La Vierge et l'Enfant Jésus (R. D., 3), — Jésus-Christ dans le linceul (R. D.; 6). Deux pièces.

45 — **Coypel** (d'après Ant.). — Le Jeune faune amoureux, par Marie A. Croisier. Belle épreuve.

46 — **Coypel** (d'après Ant. et Ch.). — Nymphe surprise par un satyre, — L'Amour dompte tout, — Apollon et Issé, — Nymphe endormie, etc. Cinq pièces. Belles épreuves.

47 — **David de Gênes.** — Son œuvre en vingt-deux pièces gravées à l'eau-forte. Très belles épreuves.

48 — **Debucourt** (P.-L.). — Berceau de Paul et Virginie, — Les Premiers pas de Paul et Virginie, — Bienfaisance de Virginie. Trois pièces. Belles épreuves.

49 — Retour des champs, — Les Aveugles, — Le Joueur de cornemuse. Trois pièces en couleur d'après Vernet. Bonnes épreuves.

50 — **Desportes** (d'après). — Chasse au renard, par Joullain. Belle épreuve.

51 — **Desrais** (d'après). — Le Poisson des jeunes filles, par Blanchard. Pièce coloriée.

52 — **Dixon** (J.). — Betty, d'après Falconet. Belle épreuve.

53 — **Dumesnil et Descamps** (d'après). — Le Traitant, — Le Négociant. Deux pièces gravées par Lucas et Le Bas.

54 — **Dyck** (d'après Ant.). — Jupiter et Anthiope, — Jésus saisi par les Juifs. Deux pièces gravées par Soutman.

55 — **Eaux-fortes modernes.** — Sous ce numéro il sera vendu, par lots, un portefeuille d'eaux-fortes par Cortazzo, Boret, Léon Jacque, Guillon, Burnand, Regnault, J. Girardet, Bonvin, Courtry, Grenaud, Denon, Berne-Bellecourt, Lançon, Gonzalez, Toussaint, Lecurieux, Ch. Jacque, P. Jazet, Delauney, Valerio, F. Pierdon, E. Breton, A. Guillon, J.-F. Millet, Barillot, Lalanne, Ballin, Dessaim, Daubigny, Meissonier, Mongin, J. Jacquemart, Rajon, Legros, De Mare, Bracquemond, Meryon, Manet, etc., etc.

56 — **Ecole française XVIIIe siècle.** — Convention de Mariage, — Le double engagement, — Vue de la promenade nouvelle à Barcelone. Trois pièces par Lebeau, Dutailly, etc.

57 — L'Astronomie, — L'ouvrière en dentelle, — Le Présent, — Scène de voleurs, — La chauferette, — La Gaieté sans embarras, etc. 18 pièces d'après Mallet, Cotiber, Huet, Cochin, Mlle Gerard, Boilly, Krauss, etc. Belles épreuves.

58 — **Ecole anglaise**. — Portraits, Vue de Londres, etc. Quatre pièces gravées par Orme, Dickinson et Murphy. Belles épreuves.

59 — Portraits et sujets. Quatre pièces gravées à la manière noire. Belles épreuves.

60 — Sous ce numéro il sera vendu, par lots, deux portefeuilles d'estampes en noir et en couleurs, de l'école anglaise du XVIIIe siècle.

61 — **Eisen** (d'après F.) le père. — L'Attente du moment, — Le plaisir malin. Deux pièces gravées par Halbou. Belles épreuves.

62 — **Eisen** (Ch.). — Les trois grâces. Pièce gravée à l'eau-forte. Très belle épreuve, marge.

63 — **Eisen** (d'après Ch.). — L'Accord de mariage, par Gaillard. Très belle épreuve.

64 — Le Concert mécanique, par De Longueil. Belle épreuve.

65 — **Fauchery** (A.). — La Joconde, d'après L. de Vinci. Epreuve avant la lettre.

66 — **Fessard** (Etienne). — La Comédie, d'après Nattier, — Etude de femme, d'après Natoire. Deux pièces. Belles épreuves.

67 — **Freudeberg** (d'après S.). — La Surprise, par Ingouf. Belle épreuve, marge.

68 — Le Soldat en semestre, — Le négociant ambulant. Deux pièces gravées par Ingouf. Belles épreuves.

69 — **Gerard** (d'après Mlle). — Je m'occupais de vous, par Vidal. Epreuve sur chine.

70 — Les Regrets mérités, par De Launay. Belle épreuve.

71 — **Germain**. — Siège de la Bastille, le 14 juillet 1789. Pièce rare, avec le plan de la Bastille en bas, comme armoiries.

72 — **Gillot** (Claude). — La Passion des Richesses, — La Passion de l'amour, — La Passion de la guerre, — La Passion du jeu. Suite de quatre pièces. Très belles épreuves.

73 — La Naissance, — L'Education. Deux pièces. Belles épreuves.

74 — Les Ages de la vie. Suite de quatre pièces. Belles épreuves.

75 — **Gravelot** (d'après). — Le Lecteur, par Gaillard. Très belle épreuve.

76 — **Grandville** (J.). — Grandes compositions tirées du journal la *Caricature*. Six pièces coloriées.

77 — **Greuze** d'après (J.-B.). — La Bonne éducation, — La Paix du ménage. Deux pièces gravées à l'eau forte par Moreau, et terminées par Ingouf. Belles épreuves.

78 — La Mère en courroux, par L. Gaillard, — Le Paralytique servi par ses enfants, par Flipart, — L'Accordée de village, par Flipart. Trois pièces, la première est avant la lettre.

79 — Le Paralytique servi par ses enfans, — L'heureux ménage, — La Grand'Mère. Quatre pièces. Belles épreuves.

80 — La Pelotonneuse, — La Lecture. Deux pièces gravées par L. Cars et Marie L.-A. Boizot. Belles épreuves.

81 — La Vertu chancelante, par J. Massard, — Les Sevreuses, par Ingouf. Deux pièces.

82 — **Guerin** (d'après). — Qu'en pensez-vous? — Les plaisirs interrompus. Deux pièces gravées par R. Girard Belles épreuves.

83 — **Haid** et **Sharp**. — Le Sacrifice d'Abraham, d'après Rembrandt, — Diogène, d'après Salvator Rosa. Deux pièces.

84 — **Hoppner** (d'après). — Francis, Duke de Bedford, par Tomkins. in-4°. Belle épreuve coloriée.

— 10 —

85 — **Horemans** (d'après J.). — Le Bon avis, par Voiez. Très belle épreuve.

86 — **Ingouf**. — Zemire et Azor. Belle épreuve.

87 — **Jean** (à Paris chez). — Degrés des âges. Pièce coloriée.

88 — **Jeaurat** (d'après E.). Le Mari jaloux, par Balechou. — Bonne épreuve.

89 — **Kauffmann** (d'après). — A nymph sacrificing, — The desire satissfied, — Morte di Clorinda. Trois pièces dont deux en couleurs, gravées par Bartolozzi, R. Lenoir et Bettelini. Belles épreuves.

90 — Cecilia Everard, — Sophronia. Deux pièces, faisant pendants, en couleurs. Belles épreuves.

91 — Una, par Burke, — Griselda, par Bartolonii. Deux pièces dont une en couleur. Belles épreuves.

92 — Her grace the Dutchess of Richmond, gravé par Ryland. Belle épreuve.

93 — **Lancret** (d'après). — La Belle Grecque, par Schmidt, — Les Troqueurs, par De Larmessin. Deux pièces. Belles épreuves.

94 — Le Maître galant, par Le Bas. Belle épreuve.

95 — Le Matin, — Le Midi, — La Soirée. Trois pièces gravées par De Larmessin. Belles épreuves.

96 — Le Printemps, par De Larmessin. Très belle épreuve.

97 — La Musique champêtre, par Fessard. Très belle épreuve, marge.

98 — Les oies de frère Philippe, par De Larmessin, — L'Esté, par G. Scotin. Deux pièces. Belles épreuves.

99 — Le Philosophe marié, par C. Dupuis. Très belle épreuve, marge.

100 — **Lebrun** (d'après Mme). — La Vertu irrésolue, par Dennel. Belle épreuve.

101

101 — **Lebrun** (d'après Mme). — Vénus liant les ailes de l'Amour, par Schultze. Belle épreuve.

102 — **Le Brun et Le Clerc** (d'après). — L'intrigue découverte, — La Sollicitation amoureuse, — La Sultane au bain, — L'heureuse esclave. Quatre pièces gravées par Deny et Le Beau.

103 — **Le Clerc** (d'après). — Études de têtes, d'après nature. Deux pièces gravées aux trois crayons par Bonnet et Janinet. Belles épreuves.

104 — **Le Grand** (Aug.). — Le Bât, — Le Rossignol. Deux pièces. Belles épreuves.

105 — **Le Prince** (d'après). — Les Modèles, par de Longueil. Belle épreuve avant la lettre.

106 — **Lingée** (Mme). — Jeune femme en buste tenant une palette et des pinceaux, d'après Mieris. Belle épreuve avant la lettre.

107 — **Loutherbourg** (d'après). — Vue de Mondragon en Dauphiné, par P. Laurent. Belle épreuve, marge.

108 — **Mallet** (d'après). — Les Jeux de l'Amour, — Je m'occupais en attendant. Deux pièces gravées par Beljambe et R. Girard. Belles épreuves.

109 — **Matham** (J.). — Costumes de jeune garçon et de jeune fille, 1629. Deux pièces. Belles épreuves.

110 — **Mauchard** (d'après). — Les Saisons. Suite de quatre pièces gravées à la manière noire. Belles épreuves.

111 — **Mercier** (P.). — La Promenade. Belle épreuve.

112 — **Mercier** (d'après). — Le jeune Eveillé, par J.-J. Avril. Très belle épreuve.

113 — Scènes de mœurs. Suite de quatre pièces gravées en manière noire par Faber. Belles épreuves.

114 — **Metzu et Mieris** (d'après). — La Cuisinière hollandaise, — Le Buveur trop grave, — La Pourvoyeuse flamande, — Le Dejeuner hollandais, — La Jardinière, etc. Sept pièces. Belles épreuves.

115 — **Meyer** (d'après F.). — La Chute dangereuse, par N. de Launay. Très belle épreuve, grande marge.

116 — **Morace** (E.). — La Vierge au berceau, d'après Raphaël. Belle épreuve avant toutes lettres.

117 — **Moreau** (d'après L.). — Vues des environs de Paris. Deux pièces faisant pendants, gravées par Elise Saugrain. Très belles épreuves avant la lettre, marges.

118 — **Moreau** (J. M.). — Le Festin royal. Très belle épreuve avant la lettre.

119 — Couronnement de Voltaire sur le Théâtre-Français, le 30 mars 1778, après la sixième représentation d'*Irène*, gravé par Gaucher. Très belle épreuve avec les armoiries et la dédicace à Mme la Marquise de Villette.

120 — Le Seigneur chez son Fermier, par Delignon. Belle épreuve, marge.

121 — Arrivée de J.-J. Rousseau aux Champs-Elysées, par Macret, — Les Amours d'un héros chéri, par Fosseyeux. Épreuve avant la lettre sur chine. Deux pièces.

122 — **Morland** (d'après). — Guinea Pigs, — Dancing dogs. Deux pièces gravées par Levilly. Belles épreuves.

123 — Mario, — Constancy, — How sweet's the love that meets return. Trois pièces en couleur gravées par Gaugain, Bartoloti et Clément.

124 — Le Bonheur domestique, — L'Enlèvement. — La Toilette pour le bal masqué. Trois pièces gravées par Bartoloti. Belles épreuves.

125 — **Motes** (d'après). — L'Amusement de l'enfance, par Louvet. Belle épreuve.

126

126 — **Natoire** (d'après). — Premier et second tableau des Sœurs. Deux pièces gravées par Fessard. Belles épreuves.

127 — **Paterre** (d'après J.-B.). — La belle Bouquetière, — L'Agréable société. Deux pièces gravées par Fillœul. Belles épreuves.

128 — Le Colin-Maillard, — La Conversation intéressante. Deux pièces gravées par Fillœul.

129 — La Matrone d'Éphèse, — Le Baiser rendu. Deux pièces. Bonnes épreuves.

130 — **Paye** (d'après). — Education, — Child of sorrow. Deux pièces faisant pendants, gravées par Green. Belles épreuves.

131 — **Percier** (d'après). — Encadrement d'une des pages du sacre de l'Empereur, gravé par Godefroy. Belle épreuve avant la lettre.

132 — **Peters** (d'après). — L'Amour maternelle, par Chevillet. Bonne épreuve.

133 — **Pether** (W.). — Helena Forman, d'après Rubens en manière noire. Belle épreuve.

134 — **Peyrotte** (d'après). — Le Conseil des singes. Belle épreuve.

135 — **Pierre** (d'après J.-B.-M.). — Titon et l'Aurore, par l'Empereur. Très rare épreuve à l'état d'eau-forte, plus une épreuve avec la lettre.

136 — **Porporati**. — Suzanne au bain, d'après Santerre. Belle épreuve.

137 — **Prud'hon** (d'après P.-P.). — L'Amour vengé, — L'Amour réduit à la raison, — La vengeance de Cérès, etc. — Cinq pièces, gravées par Roger, Copia et Mariage. Belles épreuves.

138 — **Pyle** (d'après R.). — Les Éléments. — Quatre pièces In-8° en manière noire.

139 — **Queverdo** (d'après). — Les Amours du Bocage, — Les Baigneuses champêtres. Deux pièces gravées par Dembrun.

140 — **Queverdo, Aubry** et **De Troy** (d'après). — Nouvelle du bien-aimé, — Le sommeil interrompu, — La reconnaissance de fonrose, — Suzanne surprise par les vieillards. — Quatre pièces.

141 — **Ramberg.** — Le Marché aux esclaves, — La Guinguette. — Deux pièces, dont une en couleur.

142 — **Raoux** (d'après). — Le Rendez-vous agréable, — Les Vestales, — Portrait. — Trois pièces gravées par N. Edelinck, Jonxis et Beauvarlet, belles épreuves.

143 — **Regnaud** (d'après). — Jupiter enlève Io, — Junon empruntant la ceinture de Vénus. — Deux pièces gravées par Miger et Blot, belles épreuves.

144 — **Révolution** (pièces sur la). — Sous ce numéro il sera vendu par lots un portefeuille d'estampes relatives à la Révolution, depuis la prise de la Bastille, 1789, jusqu'au commencement de l'Empire, en épreuves en noir et en couleurs, costumes et caricatures.

145 — **Reynolds** (d'après). — The R. Honble countess Spencer, — The honourable miss Bingham. — Deux pièces gravées par Bonnefoy, belles épreuves.

146 — Miss Kitty Fischer, — Lady Charlotte Johnston. — Deux pièces gravées par Fischer et Corbutt. Belles épreuves.

147 — His Grace the Duke of Portland, — Caroline Dutchess of Marlborough, — the Children in the Wood. Trois pièces gravées par Murphy, Purcell et J. Caldwall.

148 — Mrs Siddons, par Haward, — The Laughing Girl, par Bond, — Hope, — Justice, par Facius. — Quatre pièces. Belles épreuves.

149 — **Rigaud** (J.). — La Bastide, — La Boule. Deux pièces faisant pendants.

150 — **Rochebrune.** — Vue du château de Gai-le-Rideau. Épreuve avant la lettre.

151 — Vue du château de Chambord, façade orientale. Épreuve avant la lettre.

152 — **Santerre** (d'après). — *Quand le masque d'Iris cachait ses traits divins, — A me voir j'ai les traits d'une beauté divine.* — Deux pièces gravées par Chasteau. Belles épreuves.

153 — **Scheffer** (J.). — Ce qu'on dit et ce qu'on pense, — Tristesse, — Soins maternels, — Constance, etc. soixante et une lithographies coloriées.

154 — **Schenau** (d'après). — Le Petit Glouton, — Les intrigues amoureuses. Deux pièces gravées par Halbou et Ouvrié. Belles épreuves.

155 — Jeune enfant assis dans une chambre. Rare épreuve à l'état d'eau-forte.

156 — Le Pardon général, — Les mariés selon la coutume, — La Naissance de l'Amour, — Le Fossé de scrupule. Suite de quatre pièces gravées par Louise Gaillard.

157 — **Sicardi.** — Ah! quel plaisir, — Oh quelle douleur, — Sa mélodie charme les cœurs. Trois pièces gravées par Mecou. Bonnes épreuves.

158 — **Smith** (J.). — Le duc de Glocester, d'après Kneller. In-fol. en manière noire, belle épreuve.

159 — The Spartan Boy, d'après Hone. In-fol. en manière noire, belle épreuve.

160 — **Smith.** — Danse villageoise, d'après Carter. Belle épreuve.

161 — **Smith** (d'après). — A Lecture on Gadding, par Bartolotti. Belle épreuve.

162 — **Smith et E. Scott.** — A Snake in the Grass, — The Age of Bliss. Deux pièces d'après Reynolds et Russell. Bonnes épreuves.

— 16 —

163 — **Strange et Falck.** — Esther devant Assuhérus, — Le Concert. Deux pièces d'après Le Guerchin. Belles épreuves.

164 — **Theolon** (d'après). — Invocation à l'Amour, par Guttemberg. Belle épreuve.

165 — **Troost** (d'après). — Chambre d'acouchée hollandaise, — Second corps de garde d'officiers hollandais, — Corps de garde des officiers hollandais, — La fête de Saint-Nicolas, etc. Six pièces. Belles épreuves.

166 — **Turner** (Charles). — Henri IV à cheval, — Henri IV sur son lit de mort, — Marie Stuart et lord Darnley, — Christian, roi de Danemark, — Henri, prince de Galles, — Charles-Quint, — L'empereur Maximilien, — Olivier Cromwell, — Charles, prince de Galles, — Guillaume, prince d'Orange. — Jacques Ier, roi d'Angleterre, — La reine Elizabeth, — Jacques Ier et sa famille. 14 portraits in-fol., en manière noire, d'après Elstrake, Briot, G. et S. de Passe, Van Dyck, Burgmair, Faithorne, Delaram, Wierix, Crispin de Passe, etc. Très belles épreuves.

167 — **Vangorp et Mlle Gerard** (d'après). — L'heure du rendez-vous, — Ah ! le voilà. Deux pièces faisant pendants, gravées par N. Girard. Belles épreuves.

168 — **Vanloo** (d'après). — Le Coucher, — Jupiter et Anthiope, — Diane et Endimion, — Les Baigneuses, — Les Grâces, — La Tragédie, — L'Amour à l'école, — Bethsabée. Neuf pièces. Belles épreuves.

169 — Vénus désarmant l'Amour, par Henriquez. Très belle épreuve avant la lettre.

170 — **Verkolie** (d'après). — La Belle impatiente, par J.-B. Michel. Belle épreuve.

171 — **Vernet** (d'après C.). — Les Merveilleuses. — Les Incroyables. Deux pièces gravées par Darcis.

172 — Officier anglais en inspection, — Marchande de fleurs. Deux pièces gravées en couleur par Levachez. Belles épreuves.

173 — **Vico** (Eneas). — Tarquin et Lucrèce (B., 15). Très belle et première épreuve avant que le groupe des deux chiens ait été supprimé.

174 — **Vien** (d'après). — La jeune Corinthienne, — La vertueuse Athénienne, — La Grecque sortant du bain. Trois pièces gravées par Flipart et Daullé. Belles épreuves.

175 — **Vignettes**. — Sous ce numéro il sera vendu par lots trois portefeuilles de vignettes pour illustration des œuvres de Gessner, Mme de Lafayette, La Fontaine, Rousseau, Béranger, Racine, Pope, Bernardin de Saint-Pierre, Le Tasse, Virgile, Chateaubriand, Corneille, Mme Cottin, Voltaire, Crébillon, C. Delavigne, Dorat, Duclos, Fénelon, Raynal, Feydeau, Homère, Cervantes, Walter Scott, Lesage, Tressan, Thiers, Sterne, le président Hénault, Régnard, Mme Riccoboni, Florian, Longus, Marmontel, Molière, Richardson, la Sainte Bible, figure de Marillier, avant la lettre, etc.

176 — **Vleughels** (d'après N.). — Lot et ses filles, — Le Pouvoir de l'Amour, — Frère Luce, — La Jument du compère Pierre. Quatre pièces gravées par Chereau, de Larmessin et Jauvelle. Belles épreuves.

177 — **Watteau** (Ant.). — Les Comédiens italiens. Très belle épreuve avec l'adresse de Sirois.

178 — **Watteau** (d'après Ant.). — L'Amour au théâtre italien. — Habillements de ceux de Soutchovene à la Chine, — Viosseu ou musicien chinois. Trois pièces gravées par Aubert et Cochin.

179 — Les Amusements de Cythère, par Surugue. Très belle épreuve.

180 — Defillé, — Camp volant. Deux pièces gravées par Cochin et Moyreau. Très belles épreuves.

181 — Départ de garnison, — Les Enfants de Bacchus. Deux pièces gravées par Fessart et Ravenet. Bonnes épreuves.

182 — **Watteau** (d'après). La Famille, par Aveline. Belle épreuve.

183 — L'Indiscret, par Aubert. Très belle épreuve, grande marge.

184 — La Musette, — *Belles n'écoutez rien*, — Retour de Guinguette, etc. Quatre pièces gravées par Chedel, Cochin et Moyreau.

185 — *Qu'ay-je fait assassins maudits*, par le comte de C. et Joullain. Belle épreuve.

186 — Le Repos de campagne, par Deplace. Belle épreuve.

187 — Le Sommeil dangereux, par Liotard. Très belle épreuve.

188 — Spectacle francais, — *Pour nous prouver que cette belle*, — Le Rendez-vous, — Le Qu'en dira-t-on, — Le Bal champêtre, — *Sous un habit de Mezetin*. Six pièces gravées par Thomassin, Couché, Crépy, Audran, Surugue et Dupuis.

189 — **Watson** (J.). — Miss Beatson, d'après Read. In-fol. en manière noire. Belle épreuve.

190 — Miss Anna Swan, d'après Thompson. In-fol., belle épreuve.

191 — **Wheatly** (d'après). — Celadon and Celia, gravé par P. Simon. Très belle épreuve.

192 — The Poor Soldier. Très belle épreuve.

193 — Adelaïde ou la Bergère des Alpes. Très belle épreuve, marge.

194 — L'Avis paternel, — Le Curé de campagne. Deux pièces gravées en couleurs par Field. Belles épreuves.

195 — Sous ce numéro il sera vendu par lots cinq portefeuilles d'estampes de toutes les écoles.

LIVRES

196 — Choiseul-Gouffier. — Voyage pittoresque de la Grèce. Tome Ier. A Paris, 1782. 1 vol. in-fol., veau, figures.

197 — Clochar. — Palais, maisons et vues d'Italies mesurées et dessinées par P. Clochar, architecte. Publié à Paris, l'an 1809. 1 vol. in-fol. cartonné, figures gravées au trait.

198 — Coignet (J.). — Études de paysages exécutées en 1828, 1829, 1830 et 1832. 1 vol. in-fol., demi-rel. mar. vert, contenant 52 figures lithographiées.

199 — Coupin (P.-A.). — OEuvres posthumes de Girodet-Trioson, peintre d'histoire ; suivies de sa correspondance, précédées d'une notice historique et mises en ordre par P.-A. Coupin. Paris, Jules Renouard, 1829, 2 vol. in-8, demi-rel. veau.

200 — Coussin. — Du Génie de l'architecture et de la philosophie de cet art, par J.-A. Coussin. Paris, de l'imprimerie de Didot. 1 vol. in-4, demi-rel. veau, dos et coins.

201 — Delaborde. — Le second volume des Chansons, avec vignettes d'après Le Bouteux et Lebarbier. 26 gravures et 50 feuilles de texte.

202 — Galerie systématique, représentant en 226 planches près de 5,000 sujets classés méthodiquement, et tirés de ce qu'il y a de plus curieux dans l'histoire naturelle, la physique, les sciences, etc., par une société de gens de lettres et d'artistes. Paris, chez Herder et compagnie. 1 vol. in-4, demi-rel. veau. Figures.

203 — **Girodet**. — Anacréon. Recueil de compositions dessinées par Girodet, et gravées par M. Chatillon, son élève, avec la traduction en prose des odes de ce poète, faite également par Girodet; publié par son héritier et par les soins de MM. Becquerel et P.-A. Coupin. A Paris, chez Chaillou-Potrelle, 1825. 1 vol. in-fol., demi-rel. mar. vert.

204 — Sapho, Bion, Moschus. Recueil de compositions dessinées par Girodet et gravées par M. Chatillon, son élève; avec la traduction en vers par Girodet de quelques-unes des poésies de Sapho et de Moschus, et une notice sur la vie et les œuvres de Sapho, par M. P.-A. Coupin. A Paris, chez Chaillou-Potrelle, 1829. 1 vol. in-fol., demi-rel. mar. vert.

205 — Énéide. Suite de compositions dessinées au trait, par Girodet, lithographiées par MM. Aubry-Lecomte, Chatillon, etc... Chez Noël aîné, rue de Vaugirard. 1 vol. in-fol., demi-rel. mar. rouge.

206 — Les Amours des Dieux. Recueil des compositions dessinées par Girodet et lithographiées par MM. Aubry-Le Comte, Chatillon, Counis, etc. A Paris, chez Engelmann, 1826. 1 vol. in-fol. cartonné.

207 — **Jansen**. — Œuvres complètes d'Antoine Raphaël Mengs, premier peintre du roi d'Espagne, contenant différents traités sur la théorie de la peinture, traduit de l'italien. Paris, 1786, 2 tomes en 1 vol. in-4. Veau marbré.

208 — **Journaux**. — Le Charivari. Années 1833, 1834, 1835 et 1842. 9 vol. in-fol. et in-4 cartonnés, figures.

209 — **Leti**. — Teatro belgico o vero ritratti historici, chronologici, politici, e geografici, delle sette provincie unite scritto da Gregorio Leti. Amsterdam, 1690. 2 vol. in-4, veau marbré, figures.

210 — **Lièvre** (E.). — Collection Sauvageot d'après les originaux, par Édouard Lièvre, accompagné d'un texte historique et descriptif par A. Sauzay. Paris, Noblet et Baudry, 1864. 3 vol. in-fol. brochés.

211 — **Malvasia**. — Felsina pittrice vite de pittori Bolognesi, alla maesta christianissimo di Luigi XIIII.... In Bologna 1678. 2 vol. in-4 vélin, Figures.

212 — **Le musée du Louvre**, collection de 500 planches, gravées au burin par les sommités contemporaines, d'après les grands maîtres en peinture et en sculpture des diverses écoles. Paris, Hermet. Grand in-fol. en 101 livraisons.

213 — **Nolpe**. — Begraeffenisse van syne hoogheyt Frederick Henrick, prince d'Orange... Gheteeckent en uytghegheven door Pieter Post. Amsterdam, 1652. 1 vol. in-fol. vélin. Figures.

214 — **Parmesan**. — Imitation of dravings by Parmegiano in the collection of his Majesty. London, 1790. 1 vol. in-fol. oblong, demi-rel. veau. — Raccolta di disegni originali di Fr. Mazzola, detto il Parmegiano..., incisi da Benigno Rossi... Parma, 1772. 1 vol. in-fol. demi-rel. veau.

215 — Celleberrimi Francisci Mazzola Parmensis graphides per Ludovicum inig. bononiæ collectæ editæque, anno 1788. 1 vol. in-fol. cart., fac-similé des dessins du Parmesan, par Rosaspina.

216 — **Nouvelle** collection de vues et monuments les plus remarquables de la Belgique, dessinés et lithographiés par divers artistes, publiée par Tessaro à Bruxelles. 1 vol. in-fol., demi-rel. mar. Figures teintées.

217 — **Numismata** virorum illustrium ex Barbadica gente. Patavii, ex typographia seminarii... 1 vol. in-fol. cart. Figures.

218 — **Perrier** (F.). — Les bas-reliefs de Rome, suite de 55 estampes gravées à l'eau-forte (R. D., 142-195), en 1 vol. in-fol. cart. Très belles épreuves du 3º état.

219 — **Piles** (de). — Recueil de divers ouvrages sur la peinture et le coloris. Paris, 1755. — Cours de peinture par principes, Paris, 1767. — Essai sur le beau. Paris, 1741. 3 vol in-8 veau marbré.

220 — **Pinelli**. — Raccolta di 50 costumi li più interessanti delle città, terre e paesi en provincie diverse del regno di Napoli. — Raccolta di 50 costumi pittoreschi, incisi all' acqua-forte da Bartolomeo Pinelli romano. In Roma, 1809-1814. 100 planches en 1 vol. in-fol., demi-rel. veau.

221 — Della Istoria romana, incisa all' acqua-forte, da Bartolomeo Pinelli. Romano, 1818. 1 vol. in-fol. broché, contenant 100 estampes gravées à l'eau-forte.

222 — Il meo Patacca o vero Roma in feste nei triomfi di Vienna, poema Giocoso nel linguagio romanesco di Giuseppe Berneri, romano academico infecondo. Ediziono seconda arricchita di num. 52 tavole, inventate e incise da Bartolomeo Pinelli Romano. In Roma, 1823, 1 vol. in-fol. obl. broché. — Raccolta di costumi italiani i più interessanti, disegnati ed incisi da Bartholome Pinelli. Anno 1828, etc. 1 vol. in-fol. oblong broché, etc. Trois suites d'estampes gravées à l'eau-forte.

223 — Costumi di Roma, incisi da Bartolomeo Pinelli. Roma, 1831. 1 vol. in-fol. oblong cart., contenant 56 estampes gravées à l'eau-forte.

224 — Costumi diversi, inventati ed incisi da Bartolomeo Pinelli, in num. 25 tavole. Roma, 1832. 1 vol. in-fol. oblong cartonné.

225 — **Piroli**. — Le Antichita di Ercolano. Rome et Paris, 1789-1806. 6 vol. in-4 cart. Figures gravées.

226 — **Veteres** arous augustorum triomphis insignis ex reliquiis quæ Roma adhuc supersunt cum imaginibus triumphalibus restituti antiquis nummis notisque io : petri bellorii illustrati nunc primum per io : Jacobum de Rubeis. Romae, 1690. 1 vol. in-fol. vélin. Figures.

227 — **Vico**. — Augustarum imagines aereis formis expressae : Vitæ quoque earumdem breviter enarratæ, signorum etiam quae in posteriori parte numismatu efficta sunt, ratio explicata, ab Aena Vico parmense. Venetiis, 1558. 1 vol. in-4 veau. Figures.

228 — Heath's book of Beauty, 1833-34 et 1836. 3 vol. in-8 cartonnés. Figures.

229 — Sous ce numéro seront vendus les ouvrages suivants : 3 volumes, Œuvres de Gavarni; — Histoire des religions, par B. Picart; — Tableaux des deux Philostrates; — Colonne Trajane et colonne Antonine; — Architecture antique de la Sicile; — Tableaux historiques des campagnes d'Italie; — Galerie du Palais-Royal, etc., etc., etc.

SUPPLÉMENT

230 — Sous ce numéro, il sera vendu par lots plusieurs portefeuilles d'Estampes, Vues, Plans et Pièces historiques relatifs à Saint-Germain en Laye et le département de Seine-et-Oise ;

Livres, parmi lesquels nous citerons : Les Palais, Hôtels et Maisons de France, par Cl. Sauvageot; — Le Château de Marly-le-Roi, par Guillaumot; — Plan général de la ville de Paris et de ses environs, 1866; — Monographie de Chevreuse, par Cl. Sauvageot; — L'Architecture privée au dix-neuvième siècle, par César Dally; — Musée de la Caricature en France, 1834; — Les Poésies de feu Dovalle, avec préface de Victor Hugo, Paris, Ladvocat, 1830; Historiettes de Tallemant des Réaux; — Romans publiés chez Dentu, Michel Lévy, Charpentier, etc. ; — Livres traitant de l'histoire de Saint-Germain en Laye et du département de Seine-et-Oise, etc., etc.

Typographie PILLET et DUMOULIN, rue des Grands-Augustins, 5, à Paris.

www.ingramcontent.com/pod-product-compliance
Lightning Source LLC
Chambersburg PA
CBHW060639050426
42451CB00012B/2678